©TODOLIVRO LTDA.

Rodovia Jorge Lacerda, 5086 - Poço Grande
Gaspar - SC | CEP 89115-100

© 2018 Nextquisite Ltd, Londres

Texto:
Rupert Matthews

Ilustração:
Ivan Stalio, Alessandro Cantucci, Fabiano Fabbrucci, Andrea Morandi

Todos os direitos reservados

Direitos exclusivos da edição em Língua Portuguesa
adquiridos por © 2019 Todolivro Ltda.

Tradução e adaptação:
Ruth Marschalek

Revisão:
Karin E. Rees de Azevedo

IMPRESSO NA ÍNDIA
www.todolivro.com.br

Dados Internacionais de Catalogação na Publicação (CIP)
(Câmara Brasileira do Livro, SP, Brasil)

Incríveis dinossauros : a extinção dos dinossauros /
[Rupert Matthews ; tradução Ruth Marschalek].
Gaspar, SC : Todolivro, 2022.

(Incríveis dinossauros ; 1)
Vários ilustradores.
Título original: Amazing dinoursd : the end of the dinosaurs

ISBN 978-65-5617-122-7

1. Dinossauros - Literatura infantojuvenil
I. Matthews, Rupert. II. Série.

22-137199   CDD-028.5

Índices para catálogo sistemático:

1. Dinossauros : Literatura infantil 028.5
2. Dinossauros : Literatura infantojuvenil 028.5

INCRÍVEIS DINOSSAUROS
A EXTINÇÃO

Sumário

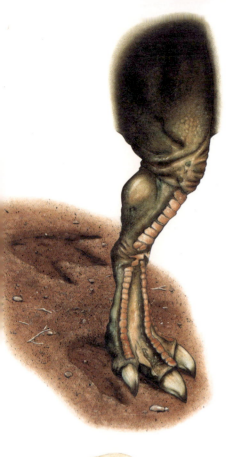

Introdução 7

A Escala de Tempo Geológica 8-9

A Teoria do Meteoro 10-13

Outras Teorias 14-17

Depois dos Dinossauros 18-20

A Extinção dos Dinossauros 21-23

Descobrindo Dinossauros 24-25

Escavando Dinossauros 26-29

Reconstruindo Dinossauros 30-35

Registros dos Dinossauros 36-37

Índice 38

Introdução

Os dinossauros foram um dos grupos de animais mais bem-sucedidos que já habitaram o planeta. Eles prosperaram, dominando a vida na Terra, por mais de 160 milhões de anos. E então, cerca de 65 maa*, eles se extinguiram. Muitas explicações foram apresentadas para o desaparecimento deles, desde colisões com meteoritos até mudanças climáticas; exploraremos as principais teorias para o fim deles neste livro. Também observaremos o que aconteceu depois que os dinossauros se extinguiram e veremos como eles têm sido redescobertos e reconstruídos nos últimos 200 anos.

N.T.: MAA* = MILHÕES DE ANOS ATRÁS

Como este livro funciona

Cada capítulo neste livro começa com uma incrível ilustração de duas páginas que mostra reconstruções dos últimos dinossauros ou como eles têm sido reconstruídos em um cenário dinâmico. Estas aberturas conduzem para páginas duplas que explicam o conceito apresentado no cenário com detalhamento maior.

Cabeçalhos sucintos explicam como cada vinheta está relacionada com o assunto.

Texto vívido e descritivo acompanha uma grande ilustração que fornece uma visão detalhada dos animais em extinção.

O texto introdutório dá uma visão geral do assunto.

Uma ilustração dinâmica e totalmente colorida apresenta cada assunto da seção.

Ilustrações detalhadas destacam questões específicas.

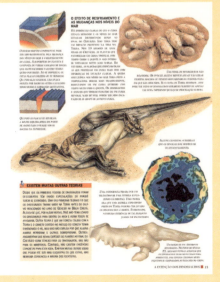

CRETÁCEO
(142 – 65 MAA)
AS PRIMEIRAS PLANTAS COM FLORAÇÃO; EXTINÇÃO DOS DINOSSAUROS.

65 MAA

O DIA EM QUE O ASTEROIDE ATINGIU

Por volta de 65 MAA, todos os dinossauros e muitos outros animais se tornaram extintos. A teoria mais popular para explicar este evento é que um meteorito gigantesco colidiu com a Terra causando uma explosão cataclísmica. Que teve efeitos devastadores sobre a vida na Terra.

A TEORIA DO METEORO

Por mais de 150 milhões de anos, os dinossauros foram a mais dominante forma de vida animal na Terra. E então, cerca de 65 maa, eles desapareceram. Somente rochas com mais de 65 milhões de anos de idade contêm fósseis de dinossauros. Muitas outras formas de vida também desapareceram no mesmo período. A maioria dos cientistas acredita que um evento dramático foi responsável pelas extinções em massa, mas há discordâncias quanto ao que aconteceu exatamente.

Uma fina camada de argila entre rochas endurecidas marca a linha divisória entre rochas do Cretáceo, onde fósseis de dinossauro foram encontrados, e as posteriores rochas do Terciário. A moeda de um Euro mostra o quanto a camada é fina.

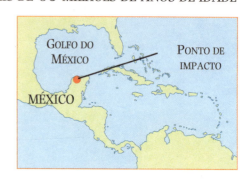

Acima: A Cratera de Chicxulub na costa do México, agora enterrada sob 900 metros de rochas, é o ponto que os cientistas acreditam que o meteoro atingiu.

EVIDÊNCIAS DA TEORIA DO METEORO

Em 1979, uma equipe da Universidade da Califórnia liderada por Walter Alvarez estava estudando as rochas, que formam a transformação dos períodos Cretáceo para o Terciário (conhecidas como limite K-T). Eles descobriram que essas continham imensas quantidades de irídio. Esse metal é raro na Terra, mas comum em meteoritos e asteroides. Alvarez sugeriu que um meteorito gigantesco tinha atingido a Terra. Desde então, são estudadas rochas K-T de mais de 150 outros lugares. Todas elas demonstraram altos níveis de irídio. Essas evidências sugerem que um meteoro de cerca de 10 km de extensão atingiu a Terra em uma velocidade de aproximadamente 20 km por segundo. O impacto teria sido tão poderoso quanto 100 milhões de bombas de hidrogênio.

A LOCALIZAÇÃO DO METEORO

Assim que a teoria do meteoro se consolidou, os cientistas começaram a procurar o local do impacto. Se um imenso meteoro tivesse atingido a Terra, teria deixado sinais claros. A presença de cristais de quartzo fragmentados sugere que a colisão deve ter acontecido em terra ou em suas proximidades, enquanto evidências de ondas gigantes sugerem que ele atingiu o mar. Juntas, essas evidências sugerem que o meteoro atingiu a costa ou mares rasos. Uma cratera de cerca de 150 – 200 km de diâmetro rodeada por montanhas teria se erguido com a colisão. No decorrer de milhões de anos desde o evento, as montanhas teriam sofrido erosão e a cratera teria se enchido de sedimentos, mas os sinais ainda permaneceriam. Em 1991, os restos de uma cratera assim foram encontrados fora da Península de Iucatã, no México. A cratera foi datada de 65 maa. Os cientistas acreditam que encontraram o local do impacto.

Um grão de quartzo encontrado no Limite K-T em Montana. Visto no microscópio, esse mostra linhas horizontais e falhas causadas pelas ondas de choque de pressão de uma explosão de meteorito.

O gigantesco meteoro visto (à direita) em estágios enquanto se aproximava da Terra. Ao se aproximar do impacto, o meteoro teria começado a queimar no calor intenso causado pelo contato com a atmosfera.

O meteoro em explosão espalhou rochas derretidas pela Terra, causando incêndios que devastaram florestas e formas de vida em seu interior. A fuligem causada por esses incêndios tem sido encontrada em rochas em muitas áreas.

EFEITOS NO MEIO AMBIENTE

A área por centenas de quilômetros ao redor do local do impacto teria sido totalmente devastada e nenhuma planta ou animal teria sobrevivido. Além dessa área, os cadentes destroços incandescentes de rocha derretida e cinzas teriam causado incêndios terríveis que devastaram tudo ao seu alcance. A maior parte das Américas do Norte e do Sul teriam sido eliminadas dessa maneira. No restante do mundo, grandes nuvens de cinzas teriam se espalhado pela atmosfera antes de cair como um denso e asfixiante cobertor capaz de sufocar a vida. A poeira mais fina teria permanecido no alto da atmosfera por até um ano, bloqueando a luz solar que é essencial para a vida vegetal na Terra, e fazendo as temperaturas diminuírem drasticamente. Isso teria exterminado quase todas as plantas que cresciam na Terra. A maioria teria deixado sementes que poderiam germinar quando a luz do sol retornasse, mas àquela altura, os animais que se alimentavam das plantas teriam morrido, assim como os carnívoros que se alimentavam de animais herbívoros.

Uma gigantesca onda atinge o litoral (acima). O impacto do meteoro teria originado uma onda de até 1 km de altura que correria pelos oceanos do mundo.

A queda abrupta das temperaturas, causada pela fuligem bloqueando o sol, teria levado a fortes nevascas (à esquerda) em muitas áreas.

Uma cratera de meteorito no Arizona, América do Norte (abaixo). Ela tem mais de 1 km de diâmetro e foi formada por um meteorito que atingiu a Terra cerca de 50.000 anos atrás. A cratera de meteoro do final do Cretáceo teria sido muito maior.

O meteoro teria tido um efeito tremendo nos oceanos. Estima-se que 60% de toda a vida marinha se extinguiu. As ondas gigantes teriam passado ali sem muito efeito, mas o bloqueio da luz solar e possíveis interrupções nas correntes marinhas teriam sido mais graves. A maioria dos répteis nos mares se tornou extinta, embora as tartarugas tenham sobrevivido, bem como moluscos amonites, e muitas formas de mexilhões e animais aparentados. Um vasto número de plânctons também se extinguiu nesse período. Muitas espécies de peixes sobreviveram.

MORTE EM TERRA

As extinções em terra foram ainda mais dramáticas do que as do mar. Todos os animais acima de 25 kg se tornaram extintos, junto com muitas espécies menores. Todos os dinossauros e répteis voadores se tornaram extintos e grande número de insetos e outros animais morreram. Embora muitos mamíferos não tenham sobrevivido, viveram suficiente para garantir que eles se salvariam. Os crocodilos também sobreviveram em algumas quantidades, e somente certas famílias de aves foram afetadas. As plantas terrestres mostram, virtualmente, nenhum sinal de extinção nesse período. O impacto de um meteoro teria explicado a maioria dessas mudanças. A perda temporária do crescimento vegetativo pelo bloqueio dos raios solares teria exterminado todos os animais maiores, que contavam com refeições regulares de vegetais ou carne. Animais menores podem ter sido capazes de hibernar durante os piores períodos de falta de alimento e então sobrevivido.

O Berycopsis (acima) vivia pouco antes da formação do Limite K-T. Seus descendentes sobreviveram à extinção em massa e até 40% de todos os peixes de hoje são descendentes deste peixe.

Restos fósseis (abaixo) do Edmontossauro, um dos dinossauros que se tornou extinto no Limite K-T.

13

OUTRAS TEORIAS

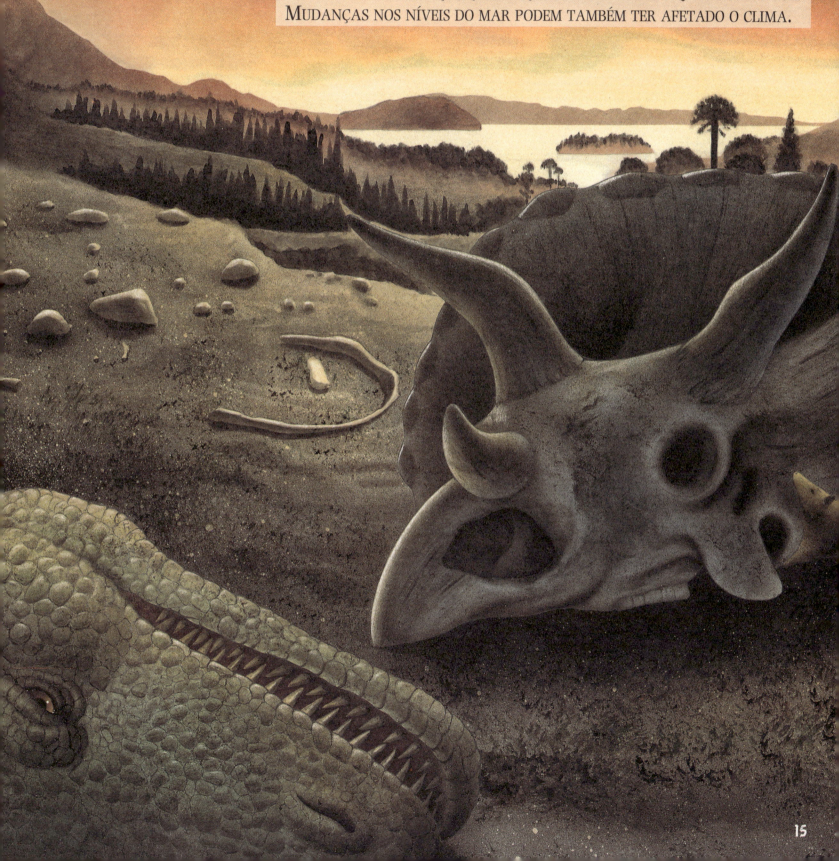

Arrefecimento do clima, vulcões e níveis do mar

Os dinossauros podem ter sido eliminados por mudanças climáticas graduais, em vez de um único evento como a teoria do meteoro. Os cientistas estudando fósseis de plantas dizem que, no final do Cretáceo, as plantas tropicais tinham aberto espaço para espécies que favoreciam os climas mais frios. As mudanças climáticas podem ter sido causadas por imensos vulcões preenchendo o ar com neblina e fumaça, que bloquearam os raios aquecidos do sol. Mudanças nos níveis do mar podem também ter afetado o clima.

O QUE É UM VULCÃO?

Um vulcão ocorre quando o magma no interior das profundezas da Terra emerge para a superfície e transborda. Existem vários tipos de vulcão, que podem ser distinguidos por seu formato. Vulcões cone se formam onde o magma se solidifica em rocha e escapa através de um orifício no alto. Vulcões compostos tendem a ter lados menos íngremes do que os vulcões cone. Vulcões escudo ocorrem quando a rocha derretida escorre para bem longe do orifício antes de virar rocha sólida formando uma placa ampla de rocha nova. Alguns, como os vulcões havaianos, se formam ao redor de longas fendas na superfície da Terra, onde o magma verte em longas linhas paralelas e se espalha sobre áreas muito mais amplas.

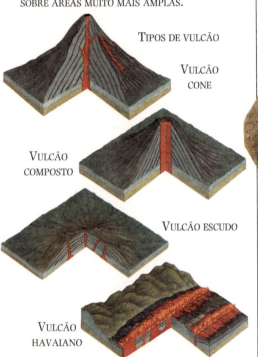

TIPOS DE VULCÃO

VULCÃO CONE

VULCÃO COMPOSTO

VULCÃO ESCUDO

VULCÃO HAVAIANO

Este corte transversal (abaixo) mostra um vulcão tipo cone. Um reservatório de rocha derretida, conhecida como magma, se forma perto da superfície da Terra se impulsiona para cima para jorrar na forma de lava, solidificando ao resfriar. Aos poucos se forma um enorme cone de rocha que pode ter centenas de metros de altura. A água subterrânea perto do magma é aquecida até o ponto de ebulição e emerge na forma de gêiseres e fontes termais.

TEORIAS ALTERNATIVAS

Embora a teoria do meteoro seja a mais popular, não é a única explicação para a extinção dos dinossauros. Alguns cientistas acreditam que vulcões, mudanças climáticas ou outros eventos podem ter levado às extinções no final do Cretáceo. Alguns acreditam que os dinossauros não se extinguiram repentinamente, mas no decorrer de um período.

ARGUMENTOS CONTRA A TEORIA DO METEORO

Se a teoria do meteoro estiver correta, os dinossauros e outros animais teriam sido exterminados dentro de um período de um ou dois anos. Entretanto, os registros fósseis mostram que os dinossauros eram mais numerosos cerca de 10 milhões de anos antes da formação do Limite K-T e já estavam decrescendo em quantidade e variedade antes de se tornarem extintos. Também há indícios de que o efeito do impacto do meteoro não foi tão difundido quanto se pensou inicialmente. As mariposas tinham evoluído no Cretáceo e precisavam de ar muito limpo para sobreviver. Se o mundo estivesse recoberto por uma ampla nuvem de poeira, todas as mariposas teriam se extinguido, mas elas não se extinguiram.

AS ARMADILHAS DECCAN E SEUS EFEITOS

Alguns cientistas acreditam que erupções vulcânicas gigantescas podem ter causado as extinções do final do Cretáceo. No período de formação do Limite K-T, as maiores erupções vulcânicas do mundo até então estavam acontecendo na Índia ocidental, em uma área conhecida como as Armadilhas de Deccan. Rochas derretidas e gás saíram dos vulcões para cobrir uma área com metade do tamanho da Europa. Quando solidificava, a rocha formava camadas com mais de um quilômetro e meio de espessura. O gás continha selênio, que é particularmente tóxico para animais se desenvolvendo dentro de ovos. Isso pode ter causado a extinção dos animais que botavam ovos, os mais severamente afetados. As erupções podem também ter despejado amplas nuvens de poeira que teriam parcialmente bloqueado o sol e feito o clima do mundo esfriar.

As Armadilhas de Deccan (acima) estão localizadas na Índia ocidental. A área original recoberta por fluxos de lava era de aproximadamente 1,5 milhão de quilômetros quadrados.

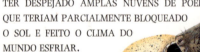

COMPETIÇÃO DE MAMÍFEROS

Uma teoria inicial da extinção dos dinossauros sugeria que pequenos mamíferos comiam os ovos dos dinossauros. Isso teria levado os dinossauros que botam ovos à extinção, mas os mamíferos, que dão à luz filhotes vivos, teriam sobrevivido. Entretanto, isso é improvável, já que muitos animais que comem ovos no mundo hoje em dia não estão levando as aves ou répteis à extinção. Uma teoria mais recente sugere que os mamíferos eram mais bem adaptados às novas condições climáticas e novas espécies de plantas, que emergiram no final do Cretáceo. Por fim, eles podem ter acabado dominando os dinossauros e indiretamente causado sua extinção.

O DESLOCAMENTO CONTINENTAL PODE TER SIDO RESPONSÁVEL PELA MUDANÇA DOS NÍVEIS DO MAR E O RESFRIAMENTO DO CLIMA. A SUPERFÍCIE DO PLANETA É COMPOSTA DE VÁRIAS CAMADAS DE ROCHA QUE FLUTUAM SOBRE O CENTRO SEMILÍ-QUIDO POR BAIXO. AO SE MOVEREM, OU ESTAS PLACAS COLIDEM OU SE SEPARAM. QUANDO ELAS COLIDEM, UMA PLACA DESLIZA POR BAIXO DA OUTRA CAUSANDO TERREMOTOS E FORMANDO MONTANHAS.

QUANDO AS PLACAS SE SEPARAM, A ROCHA LÍQUIDA JORRA DA PARTE DE BAIXO PARA FORMAR NOVAS ROCHAS NA SUPERFÍCIE.

O EFEITO DE RESFRIAMENTO E AS MUDANÇAS NOS NÍVEIS DO MAR

HÁ EVIDÊNCIAS CLARAS DE QUE O CLIMA ESTAVA MUDANDO E OS NÍVEIS DO MAR ESTAVAM DECRESCENDO RUMO AO FINAL DO CRETÁCEO. ISSO TERIA TIDO UM IMPACTO PROFUNDO NA VIDA NA TERRA. NOS 10 MILHÕES DE ANOS FINAIS DO CRETÁCEO, AS PLANTAS QUE FAVORE-CIAM UM CLIMA TROPICAL COM TEMPO ÚMIDO E QUENTE O ANO INTEIRO SE TORNARAM MUITO MAIS RARAS. EM VEZ DISSO, AS PLANTAS QUE CRESCIAM ERAM AS QUE PREFERIAM UM CLIMA MAIS FRIO COM DIFERENÇAS DE ESTAÇÃO CLARAS. A QUEDA SIMULTÂNEA NOS NÍVEIS DO MAR TERIA FEITO A TEMPERATURA MUDAR MAIS DRASTI-CAMENTE, RESULTANDO EM UM CLIMA EXTREMO COM TEMPO MUITO FRIO E QUENTE. OS DINOS-SAUROS E ANIMAIS QUE TINHAM EVOLUÍDO EM UM CLIMA MUNDIAL MAIS ESTÁVEL PODEM TER SIDO INCAPAZES DE SE ADAPTAR AO NOVO CLIMA.

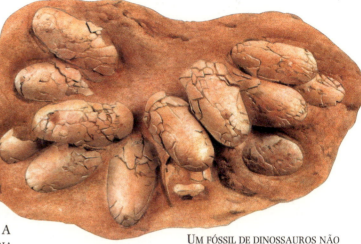

UM FÓSSIL DE DINOSSAUROS NÃO ECLODIDOS. OS OVOS DE ALGUNS RÉPTEIS ATUAIS VÃO GERAR FILHOTES MACHOS OU FÊMEAS DEPENDENDO DA TEMPERATURA EM QUE SÃO CHOCADOS. SE O CLIMA DA TERRA RESFRIOU, ESSE PODE TER FEITO OS DINOSSAUROS GERAREM FILHOTES DE APENAS UM SEXO, IMPEDINDO QUALQUER PROCRIAÇÃO FUTURA.

ALGUNS CIENTISTAS ACREDITAM QUE OS DINOSSAUROS MORRERAM DE ENVENENAMENTO.

EXISTEM MUITAS OUTRAS TEORIAS

DESDE QUE OS PRIMEIROS FÓSSEIS DE DINOSSAUROS FORAM DESCOBERTOS TÊM HAVIDO ESPECULAÇÕES DO PORQUÊ TEREM SE EXTINGUIDO. UMA DAS PRIMEIRAS TEORIAIS FOI QUE OS DINOSSAUROS TINHAM VIVIDO NA TERRA ANTES DO DILÚVIO MENCIONADO NO LIVRO DE GÊNESIS NA BÍBLIA CRISTÃ. ALEGOU-SE QUE, POR ALGUM MOTIVO, NOÉ NÃO TERIA LEVADO OS DINOSSAUROS PARA DENTRO DA ARCA E ASSIM TODOS SE AFOGARAM. OUTRA TEORIA É QUE UM COMETA COLIDIU COM A TERRA E O CIANETO CONTIDO NO NÚCLEO DO COMETA TENHA ENVE-NENADO O AR, MAS ISSO NÃO EXPLICA POR QUE ALGUNS ANIMAIS MORRERAM E OUTROS SOBREVIVERAM. OUTROS ARGUMENTAM QUE NOVAS ESPÉCIES DE PLANTAS NO FINAL DO CRETÁCEO ERAM TÓXICAS PARA OS DINOS-SAUROS, MAS NÃO PARA OS MAMÍFEROS. CONTUDO, NÃO EXISTEM EVIDÊNCIAS CONCRETAS PARA ESTA IDEIA. EXISTEM MUITAS OUTRAS IDEIAS QUE PODEM ATÉ SER MAIS ESQUISITAS DO QUE ESTAS, MAS NENHUMA CONVENCEU A MAIORIA DOS CIENTISTAS.

UMA FOTOGRAFIA TIRADA POR UM TELESCÓPIO DE UMA ESTRELA EXPLO-DINDO (À DIREITA). UMA TEORIA ERA QUE UMA ESTRELA EXPLODINDO PERTO DA TERRA PODERIA TER LEVADO OS DINOSSAUROS À MORTE. ENTRETANTO, NENHUMA EVIDÊNCIA DE TAL EXPLOSÃO JAMAIS FOI ENCONTRADA.

UM MOLDE DE UM CÉREBRO DE DINOSSAURO. NO INÍCIO DO SÉCULO XX, ALGUMAS PESSOAS ACHAVAM QUE OS DINOSSAUROS ERAM MUITO TOLOS PARA SOBREVIVER, POIS TINHAM CÉREBROS MUITO PEQUENOS SE COMPARADOS AO TAMANHO DO CORPO.

Depois dos Dinossauros

A extinção dos dinossauros deixou os mamíferos e outros animais livres para evoluir e se desenvolver para seguir os modos de vida uma vez adotados pelos dinossauros.

A evolução rápida de espécies diferentes de animais gerou algumas formas de vida bizarras e esquisitas.

Por fim, a evolução pós-dinossauro viria a gerar os animais que vemos ao nosso redor hoje em dia.

Os cágados (à direita) são descendentes das tartarugas que primeiro evoluíram cerca de 200 MAA.

As samambaias como esta (à esquerda) foram as primeiras a crescer novamente após as erupções vulcânicas. Após o impacto do meteoro no Limite K-T, as samambaias cresceram em vastas quantidades pela América do Norte.

O esturjão (à esquerda) pertence ao grupo de peixes ósseos que apareceram no período Devoniano cerca de 100 milhões de anos antes dos primeiros dinossauros. A maioria dos peixes de hoje pertence a um grupo diferente, os peixes com nadadeiras raiadas.

Direita: Um sapo grego (Rana greca), que pertence ao mais bem-sucedido grupo de anfíbios de hoje: os sapos e rãs. Estas criaturas evoluíram antes dos primeiros dinossauros, mas não se tornaram numerosas até 100 milhões de anos depois.

Os insetos evoluíram muito antes de os dinossauros aparecerem, e continuaram a viver ao longo da extinção dos dinossauros e a evolução dos mamíferos sem muita mudança. Esta formiga gigante (à direita) vivia na Europa Central cerca de 50 MAA.

OS SOBREVIVENTES

Durante o Terciário, os mamíferos apareceram para dominar a vida na Terra. Contudo, muitas outras espécies de animais também sobreviveram às extinções. Diversas das mais antigas formas de vida, como os peixes e anfíbios continuaram, assim como algumas espécies de répteis, como os lagartos e cobras. Criaturas menores, como os insetos e aranhas, também sobreviveram e evoluíram em novas espécies. O primeiro grupo de animais a se beneficiar a partir da extinção dos dinossauros foram as aves. Passados alguns milhões de anos do fim dos dinossauros, aves enormes, predatórias e que não voavam tinham evoluído. Estas "aves do terror" se tornaram extintas somente após grandes mamíferos predatórios terem evoluído.

Os lêmures (abaixo) já viveram na maioria dos continentes. Hoje em dia, eles são encontrados somente em Madagascar, tendo sido levados à extinção em outros lugares por macacos mais avançados.

SOBREVIVENTES MAMÍFEROS

Na época em que os dinossauros se tornaram extintos, poucos dos grupos de mamíferos de hoje existiam. Eles eram pequenas criaturas parecidas com musaranhos que se apressavam para lá e para cá de noite comendo plantas e pequenos animais. Os porcos-espinhos primitivos viveram nesse período e sua alimentação consistia de minhocas e insetos. Também havia pequenos marsupiais e monotrêmatos que botavam ovos. Vários milhões de anos se passariam antes de herbívoros maiores e caçadores de outros mamíferos aparecessem.

O Purgatorius foi um mamífero que sobreviveu ao Terciário. Ele tinha cerca de 10 cm de comprimento e, provavelmente, comia insetos. Ele pode ter sido o mais antigo primata, um grupo que inclui macacos, símios e humanos.

COMO OS MAMÍFEROS SOBREVIVERAM?

Se os mamíferos não tivessem sobrevivido, a vida animal teria sido completamente diferente nos últimos 6 milhões de anos, e os seres humanos, que são mamíferos, nunca teriam evoluído. Na época do Limite K-T, os mamíferos eram animais pequenos e extremamente ativos com temperaturas corporais elevadas. O grande esforço que os mamíferos empregaram em cuidar de seus filhotes e o fato de que quando os mamíferos nascem são mais desenvolvidos do que os répteis ou marsupiais significa que eles têm um chance melhor de enfrentar períodos de privação. Muitos mamíferos dormem em tocas, por isso eles podem ter ficado adormecidos em segurança debaixo do solo quando o meteoro colidiu. Provavelmente foi uma combinação destas características que lhes possibilitou sobreviver quando tantos outros morreram. Qualquer que tenha sido o motivo para o seu sucesso, os mamíferos prosseguiram para evoluir rápida e drasticamente para tirar vantagem do nova ordem mundial.

O Lepticidium (abaixo) era um pequeno mamífero saltitante que vivia na Europa cerca de 50 MAA. Ele sobreviveu ao Limite K-T, mas então se tornou extinto cerca de 25 MAA.

A EXTINÇÃO DOS DINOSSAUROS

O mundo de repente se tornou um planeta mais vazio 65 maa. Todos os animais grandes se extinguiram e somente algumas das espécies menores permaneceram. Aos poucos, os sobreviventes evoluíram e se adaptaram para se adequar ao mundo transformado. Logo os mamíferos se tornaram a maior forma de vida na Terra, mas outros animais tinham sua função a desempenhar também.

Mapa mundial – início do Terciário

Mapa mundial – final do Terciário

O Ilingoceros (à direita) vivia na América do Norte cerca de 18 maa e pertencia à família Antilocapridae. Hoje em dia resta somente uma espécie deste grupo – o Antilocapra.

EVOLUÇÃO DOS MAMÍFEROS MAIORES

Os maiores herbívoros do Paleoceno foram os pantodontes, que eram animais primitivos parecidos com rinocerontes. Entretanto, apenas por volta de 40 maa é que os mamíferos se tornaram tão grandes quanto os rinocerontes de hoje. O primeiro grupo a alcançar este tamanho foram os herbívoros Uintatheres da América do Norte. Aos poucos, outros tipos de mamíferos aumentaram de tamanho. O maior de todos foi o Indricotherium, da China, que alcançou cerca de 8 metros de comprimento. Até mesmo essa imensa fera, entretanto, só era do tamanho de um dinossauro de médio porte.

O grupo do hipopótamo evoluiu somente 12 maa e é um dos mamíferos mais recentes a aparecer.

O tamanduá Eurotamandua (à esquerda) vivia na Europa 40 maa e comia insetos, que ele pegava com sua língua comprida e pegajosa.

MUDANÇAS FÍSICAS

O mapa mundial continuou a se modificar durante o período Terciário. Movendo-se a velocidades de menos de 1 cm por século, durante o período do Terciário a Austrália deixou a Antártica e se moveu para o norte, a Índia se moveu para o norte para atingir a Ásia, enquanto a África se moveu para o norte rumo à Europa, e a América do Sul se moveu para o norte para se juntar à América do Norte. A movimentação dos continentes teve um impacto profundo nos mamíferos, permitindo a alguns continentes, como a Austrália, desenvolver uma variedade de animais totalmente diferentes dos de outras partes.

OS MAMÍFEROS SE DIVERSIFICAM

Por vários milhões de anos os mamíferos não se transformaram muito. Então, cerca de 50 maa, houve uma explosão de evolução. Baleias, morcegos, veados, antas, porcos, camelos, gado, bichos-preguiça, roedores, elefantes, doninhas e muitas outras espécies de mamíferos apareceram em um curto espaço de tempo. Dez milhões de anos depois, outra explosão de evolução gerou focas, ursos, cachorros, gatos, coelhos, rinocerontes e macacos. Uma vez estabelecidos, esses grupos continuaram a evoluir e se modificar para gerar a ampla variedade de mamíferos que vemos hoje ao nosso redor.

A ÁRVORE GENEALÓGICA

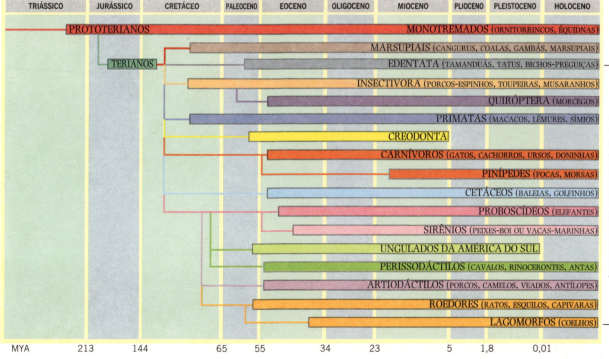

Alguns erros iniciais

Os primeiros achados de dinossauros consistiam de apenas alguns dentes, ou pequenos fragmentos de ossos da perna, espinhas dorsais, mandíbulas e outras partes. Os cientistas tinham que adivinhar qual a aparência desses novos e esquisitos animais, e eles cometeram alguns erros. Eles achavam que os Ictiossauros eram anfíbios, que o Braquiossauro era um carnívoro, que o Iguanodonte caminhava como um lagarto, e que o Estegossauro ficava ereto sobre as pernas traseiras. Os cientistas e o restante da humanidade estavam prestes a ter uma surpresa.

DESCOBRINDO OS DINOSSAUROS

A MANDÍBULA DE UM MEGALOSSAURO FOI ENCONTRADA NA GRÃ-BRETANHA EM 1824. NA ÉPOCA, OS CIENTISTAS NÃO TINHAM IDEIA DE A QUAL RÉPTIL CARNÍVORO ELA PERTENCIA.

OS OSSOS DE DINOSSAURO TÊM SIDO DESCOBERTOS ACIDENTALMENTE POR SÉCULOS, MAS A PRINCÍPIO NINGUÉM SABIA O QUE ELES ERAM. NO SÉCULO XIX, AS PESSOAS COMEÇARAM A PERCEBER QUE ELES ERAM OS RESTOS MORTAIS DE RÉPTEIS GIGANTES QUE JÁ NÃO EXISTIAM MAIS. CRIOU-SE UM GRANDE INTERESSE E A CAÇA PELOS FÓSSEIS SE ESPALHOU PELA EUROPA E AMÉRICA DO NORTE.

UM OSSO DE MEGALOSSAURO (À ESQUERDA) FOI ENCONTRADO NA INGLATERRA EM 1676. INICIALMENTE SE ACREDITAVA PERTENCER A UM GIGANTE HUMANO MORTO HAVIA MUITO TEMPO.

OS PRIMEIROS CAÇADORES DE DINOSSAUROS

OS PRIMEIROS CIENTISTAS A TRABALHAR COM OSSOS DE DINOSSAUROS FORAM DOIS GEÓLOGOS AMADORES, QUE VIVIAM NA INGLATERRA NA DÉCADA DE 1820. GIDEON MANTELL ERA UM MÉDICO E WILLIAM BUCKLAND ERA UM CLÉRIGO. AMBOS VIVIAM PERTO DE MINAS DE CASCALHO EM QUE PEDRAS COM CERCA DE 100 MILHÕES DE ANOS ESTAVAM SENDO ESCAVADAS. OS HOMENS COLETARAM DENTES E OSSOS FOSSILIZADOS E PERCEBERAM QUE PERTENCIAM A ESPÉCIES GIGANTESCAS DE RÉPTEIS EXTINTOS. MANTELL DESCOBRIU DUAS ESPÉCIES DIFERENTES, QUE ELE CHAMOU DE IGUANODONTE E HYLAEOSSAURO, ENQUANTO BUCKLAND DESCOBRIU O MEGALOSSAURO. EM 1841, O CIENTISTA RICHARD OWEN ESCREVEU UM ESTUDO SOBRE OS FÓSSEIS DOS RÉPTEIS DESENTERRADOS POR MANTELL E BUCKLAND. ELE SUGERIU COLOCÁ-LOS EM UM GRUPO ESPECIAL DE RÉPTEIS QUE ELE CHAMOU DE "DINOSAURIA," SIGNIFICANDO "OS RÉPTEIS TERRÍVEIS."

POR QUE LEVOU TANTO TEMPO?

ATÉ O INÍCIO DO SÉCULO XIX, NINGUÉM SABIA QUE OS DINOSSAUROS JÁ HAVIAM EXISTIDO. QUANDO SE ENCONTRARAM GRANDES OSSOS, ELES FORAM IDENTIFICADOS COMO OS RESTOS MORTAIS DE FORMAS GIGANTES DE ANIMAIS ATUAIS. A IGREJA CRISTÃ ENSINAVA QUE DEUS TINHA CRIADO O MUNDO E TODOS OS ANIMAIS NA ÉPOCA DA CRIAÇÃO. AS PESSOAS ACHAVAM IMPOSSÍVEL TER HAVIDO ANTERIORMENTE FORMAS DE VIDA DIFERENTES, QUE TINHAM SE TORNADO EXTINTAS. DURANTE O FINAL DO SÉCULO XVIII, ENTRETANTO, OS CIENTISTAS ENCONTRARAM FÓSSEIS QUE SÓ PODERIAM TER SIDO OS RESTOS MORTAIS DE ANIMAIS EXTINTOS. ELES ERAM CONHECIDOS COMO ANIMAIS "ANTEDILUVIANOS" OU "PRÉ-DILÚVIO" E FORAM EXPLICADOS COMO SENDO OS RESTOS MORTAIS DE ANIMAIS QUE HAVIAM SE AFOGADO NO GRANDE DILÚVIO REGISTRADO NA BÍBLIA. LEVOU ALGUM TEMPO ANTES DE AS PESSOAS PERCEBEREM QUE A TERRA ERA MUITO MAIS ANTIGA DO QUE A BÍBLIA SUGERIA.

A PRIMEIRA DESCOBERTA

EM 1770, UM CRÂNIO COMPLETO DE UM ANIMAL GIGANTE FOI ENCONTRADO E ESTUDADO PELOS CIENTISTAS. O ACONTECIMENTO MUDOU TUDO. O CRÂNIO FOI ENCONTRADO NAS PROFUNDEZAS DO SUBSOLO EM UMA MINA PERTO DA CIDADE HOLANDESA DE MAASTRICHT, PERTO DO RIO MAAS. OS OSSOS FORAM ESTUDADOS PELO BIOLOGISTA FRANCÊS BARÃO GEORGES CUVIER. ELE PERCEBEU QUE ESSES PERTENCIAM A UM RÉPTIL, MAS TAMBÉM SABIA QUE NENHUM RÉPTIL SEMELHANTE VIVIA EM ALGUMA PARTE DA TERRA. ELE CHAMOU O RÉPTIL DE MOSASSAURO, "RÉPTIL DE MAAS," E ANUNCIOU QUE ERA UM RÉPTIL EXTINTO, QUE TINHA VIVIDO NA TERRA ANTES DOS HUMANOS. POUCAS PESSOAS ACREDITARAM NELE. FELIZMENTE, ALGUNS CIENTISTAS ACEITARAM A IDEIA E COMEÇARAM A PROCURAR POR OUTROS RESTOS MORTAIS DE ANIMAIS EXTINTOS.

O BARÃO GEORGES CUVIER (1769 – 1832) FOI O PRIMEIRO CIENTISTA A SUGERIR QUE OS RÉPTEIS GIGANTES TINHAM VIVIDO NA TERRA ANTES DOS HUMANOS.

GIDEON MANTELL (1790 – 1852) FEZ A PRIMEIRA DESCRIÇÃO CIENTÍFICA COMPLETA DE OSSOS QUE AGORA NÓS SABEMOS QUE PERTENCIAM A UM DINOSSAURO.

ACIMA: MINERADORES DESCOBRIRAM O CRÂNIO GIGANTESCO DE UM RÉPTIL EM UMA MINA PERTO DE MAASTRICHT EM 1770. O FÓSSIL MAIS TARDE SE REVELOU PERTENCER AO MOSASSAURO, UM IMENSO LAGARTO MARINHO QUE VIVIA NA ÉPOCA DOS DINOSSAUROS.

RICHARD OWEN

A palavra "dinossauro" foi inventada pelo cientista britânico Sir Richard Owen em 1841. Owen era formado médico, mas começou a estudar a anatomia animal aos 33 anos. Ele se tornou um especialista em comparar uma espécie de animal com outra e assim foi capaz de reconhecer que os fósseis encontrados por Mantell e Buckland eram espécies gigantescas de réptil. Mais tarde, Owen ajudou a fundar o mundialmente famoso Museu de História Natural em Londres.

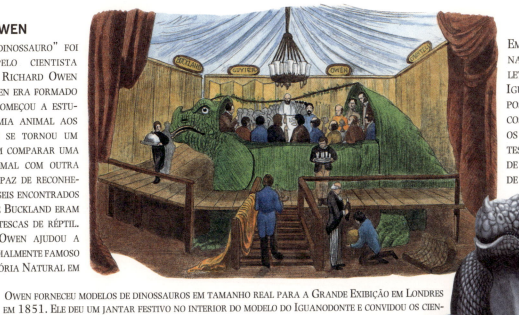

Owen forneceu modelos de dinossauros em tamanho real para a Grande Exibição em Londres em 1851. Ele deu um jantar festivo no interior do modelo do Iguanodonte e convidou os cientistas, que tinham ajudado a descobrir os restos mortais do dinossauro.

IGUANODONTE

Em 1878, mineradores em Bernissart, na Bélgica, encontraram 40 esqueletos quase completos do dinossauro Iguanodonte. Pela primeira vez foi possível reconstruir um destes gigantescos répteis, mas os cientistas juntaram os ossos como se fossem lagartos gigantes. O famoso modelo de Iguanodonte de 1851 se assemelha a um rinoceronte de hoje em dia, embora saibamos agora que ele andava sobre as pernas traseiras. A ponta em seu polegar foi originalmente colocada sobre seu nariz como um chifre.

O modelo de Iguanodonte feito em 1851. Ele foi feito para parecer um lagarto muito pesado, e é muito diferente das reconstruções posteriores do Iguanodonte. Os cientistas que montaram esse modelo tinham menos do que metade de um esqueleto com o qual trabalhar, por isso erros eram inevitáveis.

O ENCANTO DO DINOSSAURO

Quase tão logo Owen anunciou que já existira um grupo de répteis gigantes chamados "dinossauros", o público ficou muito interessado. Owen, Mantell, Buckland e outros cientistas produziram desenhos do que eles achavam que seria a aparência dos dinossauros e deram palestras populares sobre os animais. Em 1851, o Príncipe Albert, marido da Rainha Vitória, encarregou Owen de produzir diversas esculturas de dinossauro de tamanho real a serem erigidas no Hyde Park de Londres. Os modelos ainda podem ser vistos no Crystal Palace Park, em Londres.

O entusiasmo inicial pelos dinossauros se refletia no grande número de pinturas, que se produziam destes animais extintos havia muito tempo em seus habitats naturais.

CORRIDA PARA ENCONTRAR OSSOS

No final do século XIX, os dinossauros se tornaram um grande negócio. O público estava quase obcecado com a ideia dos répteis gigantes e as pessoas estavam dispostas a pagar dinheiro para ver fósseis ou comprar lembranças. Os museus se tornaram rivais implacáveis para ver quem conseguia obter a melhor coleção de fósseis de dinossauro. Então, em 1877, centenas de ossos de dinossauro foram encontradas na regiões remotas do Oeste Americano. Dois colecionadores rivais, Othniel Charles Marsh e Edward Drinker Cope, partiram para coletar e denominar tantas novas espécies de dinossauro quanto possível. Contratando grupos de trabalhadores, os cientistas correram para o oeste rumo às terras desabitadas do Wyoming e Colorado para desencavar os ossos. Em meses, mais de 20 novas espécies de dinossauro tinham sido encontradas nas rochas Jurássicas. Vinte anos depois, houve outra "corrida aos dinossauros" a achados recém-descobertos na África Oriental. Então nos anos 1920 foi a vez da remota Mongólia. Fósseis de dinossauros continuam a ser descobertos em tais lugares, mas agora as expedições são mais científicas e mais bem organizadas do que nos empolgantes primeiros dias da "Guerra dos Dinossauros."

O crânio fossilizado de um Albertossauro (acima), denominado em homenagem à província canadense de Alberta, onde ele foi encontrado.

Marsh contratou equipes de caçadores para ajudá-lo a vencer seu rival na corrida para encontrar restos mortais de dinossauros.

25

Escavando Dinossauros

Nós sabemos sobre os dinossauros porque seus restos mortais preservados, conhecidos como fósseis, são desencavados das rochas formadas quando os dinossauros habitavam a Terra. Os cientistas usam os fósseis para reconstruir a aparência dos animais, quando estavam vivos e entenderem o que eles comiam e como viviam.

1. O dinossauro morre perto da água e é coberto de lama.

2. Milhões de anos depois, os ossos são lentamente substituídos por minerais e se tornam fósseis.

3. Os movimentos da Terra, fazendo as montanhas se formar, trouxeram o fóssil mais próximo da superfície.

4. As montanhas aos poucos sofreram erosão e o fóssil é descoberto pelos paleontologistas.

COMO OS FÓSSEIS SE FORMAM?

A maioria dos dinossauros e outros animais não foram preservados como fósseis, em vez disso seus corpos são devorados ou apodrecem. Todavia, em circunstâncias especiais, um fóssil pode se formar. Se o dinossauro morreu e foi rapidamente enterrado por lama ou areia em um rio ou lago, necrófagos não teriam danificado o corpo. Com o passar dos anos, o lago depositaria cada vez mais lama por cima do corpo. Os minerais na água substituiriam o osso no esqueleto, lentamente transformando o osso em pedra. O fóssil continuaria enterrado por milhões de anos. Por fim, os movimentos da crosta da Terra talvez trouxessem para a superfície rochas contendo fósseis. Se os cientistas estiverem investigando as rochas no momento certo, eles vão ver os fósseis, escavar e retirar para análise futura.

O QUE SÃO FÓSSEIS?

A palavra "fóssil" é usada para descrever quaisquer restos mortais de um animal ou planta morta há muito tempo, que são desencavados das rochas. A maioria dos fósseis é de ossos ou dentes de animais. Eles são mais bem preservados, porque são mais resistentes e duros do que músculo ou pele, que muitas vezes apodrece ou é devorado por necrófagos. Se um corpo for enterrado rapidamente após a morte, o esqueleto inteiro pode ser preservado. Contudo, é mais comum apenas parte do esqueleto ser fossilizado. Em alguns casos, somente um único osso ou dente é encontrado e os cientistas têm que adivinhar qual era a aparência do restante do animal.

Este pequeno predador fossilizado foi um achado raro, pois até os órgãos internos tinham sido preservados.

ESCAVANDO DINOSSAUROS

Os restos mortais dos dinossauros são desencavados das rochas por cientistas conhecidos como paleontologistas. Uma vez escavados, os fósseis são estudados em laboratórios e comparados com outros fósseis para formar uma imagem completa dos dinossauros e o mundo em que viveram.

ONDE PODEMOS ESCAVAR FÓSSEIS?

Devido à maneira como eles se formam, os fósseis são localizados com maior frequência em rochas como xisto, argila e calcário que se formou em lagos, leito dos rios ou no fundo dos mares. Alguns fósseis se formam quando os restos mortais são enterrados pela areia em um deserto ou praia. Essas areias se transformam em rochas conhecidas como arenito. Os cientistas em busca de fósseis de dinossauros, geralmente, percorrem áreas em que as rochas estão se deteriorando, procurando por pedaços de osso expostos pela erosão na rocha. Quando se perceber um pedaço, os cientistas escavarão, cuidadosamente, ao redor desse para ver se há mais do esqueleto a ser encontrado.

Um cientista usa um pincel para retirar grãos finos de rocha do crânio fossilizado de um Velociráptor.

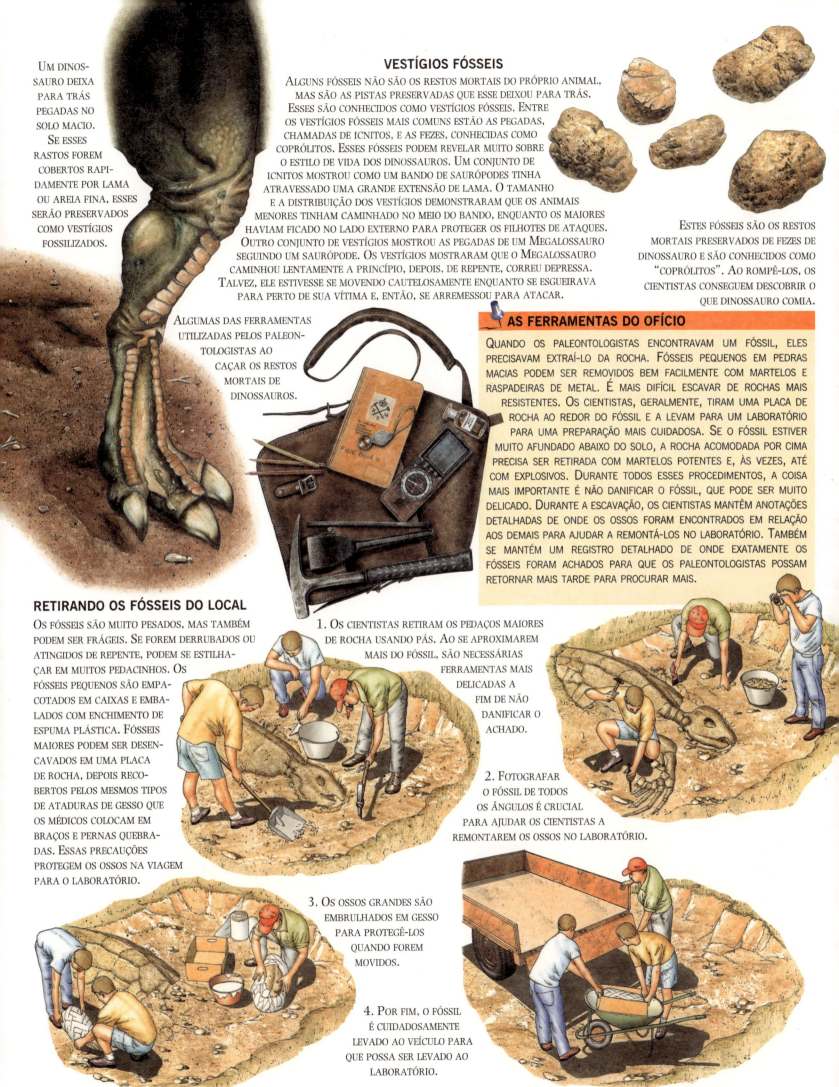

Um dinossauro deixa para trás pegadas no solo macio. Se esses rastos forem cobertos rapidamente por lama ou areia fina, esses serão preservados como vestígios fossilizados.

VESTÍGIOS FÓSSEIS

Alguns fósseis não são os restos mortais do próprio animal, mas são as pistas preservadas que esse deixou para trás. Esses são conhecidos como vestígios fósseis. Entre os vestígios fósseis mais comuns estão as pegadas, chamadas de icnitos, e as fezes, conhecidas como coprólitos. Esses fósseis podem revelar muito sobre o estilo de vida dos dinossauros. Um conjunto de icnitos mostrou como um bando de saurópodes tinha atravessado uma grande extensão de lama. O tamanho e a distribuição dos vestígios demonstraram que os animais menores tinham caminhado no meio do bando, enquanto os maiores haviam ficado no lado externo para proteger os filhotes de ataques. Outro conjunto de vestígios mostrou as pegadas de um Megalossauro seguindo um saurópode. Os vestígios mostraram que o Megalossauro caminhou lentamente a princípio, depois, de repente, correu depressa. Talvez, ele estivesse se movendo cautelosamente enquanto se esgueirava para perto de sua vítima e, então, se arremessou para atacar.

Estes fósseis são os restos mortais preservados de fezes de dinossauro e são conhecidos como "coprólitos". Ao rompê-los, os cientistas conseguem descobrir o que dinossauro comia.

Algumas das ferramentas utilizadas pelos paleontologistas ao caçar os restos mortais de dinossauros.

AS FERRAMENTAS DO OFÍCIO

Quando os paleontologistas encontravam um fóssil, eles precisavam extraí-lo da rocha. Fósseis pequenos em pedras macias podem ser removidos bem facilmente com martelos e raspadeiras de metal. É mais difícil escavar de rochas mais resistentes. Os cientistas, geralmente, tiram uma placa de rocha ao redor do fóssil e a levam para um laboratório para uma preparação mais cuidadosa. Se o fóssil estiver muito afundado abaixo do solo, a rocha acomodada por cima precisa ser retirada com martelos potentes e, às vezes, até com explosivos. Durante todos esses procedimentos, a coisa mais importante é não danificar o fóssil, que pode ser muito delicado. Durante a escavação, os cientistas mantêm anotações detalhadas de onde os ossos foram encontrados em relação aos demais para ajudar a remontá-los no laboratório. Também se mantém um registro detalhado de onde exatamente os fósseis foram achados para que os paleontologistas possam retornar mais tarde para procurar mais.

RETIRANDO OS FÓSSEIS DO LOCAL

Os fósseis são muito pesados, mas também podem ser frágeis. Se forem derrubados ou atingidos de repente, podem se estilhaçar em muitos pedacinhos. Os fósseis pequenos são empacotados em caixas e embalados com enchimento de espuma plástica. Fósseis maiores podem ser desencavados em uma placa de rocha, depois recobertos pelos mesmos tipos de ataduras de gesso que os médicos colocam em braços e pernas quebradas. Essas precauções protegem os ossos na viagem para o laboratório.

1. Os cientistas retiram os pedaços maiores de rocha usando pás. Ao se aproximarem mais do fóssil, são necessárias ferramentas mais delicadas a fim de não danificar o achado.

2. Fotografar o fóssil de todos os ângulos é crucial para ajudar os cientistas a remontarem os ossos no laboratório.

3. Os ossos grandes são embrulhados em gesso para protegê-los quando forem movidos.

4. Por fim, o fóssil é cuidadosamente levado ao veículo para que possa ser levado ao laboratório.

29

Recriando Dinossauros para o Cinema

Resultado final de anos de trabalho, um dinossauro recriado aparece no cinema. Os diretores de cinema usam uma combinação de animação gerada por computador e modelos plásticos para dar vida aos dinossauros diante das câmeras. Os paleontologistas trabalham junto com os produtores de cinema para orientá-los quanto à aparência e ao comportamento do dinossauro.

RECONSTRUINDO DINOSSAUROS

É A HABILIDADE E PERÍCIA DOS PALEONTOLOGISTAS QUE TRANSFORMAM UMA PILHA DE OSSOS FOSSILIZADOS EM UMA RECONSTRUÇÃO DE UM DINOSSAURO. AO ESTUDAR OS FÓSSEIS E COMPARÁ-LOS COM OUTROS ANIMAIS, VIVOS OU EXTINTOS, OS CIENTISTAS SÃO CAPAZES DE DESCOBRIR QUAL A APARÊNCIA DOS DINOSSAUROS E COMO ELES VIVIAM.

Um paleontologista observa através de um microscópio de alta potência ao usar uma agulha vibratória para retirar rocha ao redor de um delicado osso fóssil.

Fêmea

Macho

Estes desenhos dos crânios de dois Protocerátopos são típicos daqueles feitos como parte de um estudo de um fóssil. O folho mais ereto e o focinho saliente no macho talvez tenham sido usados com propósitos de sinalização.

ESTUDANDO O FÓSSIL

Uma vez que estejam livres da rocha, os fósseis são descritos pelo cientista. A descrição científica é um processo extenso envolvendo desenhos muito detalhados dos ossos, bem como linguagem altamente técnica para identificar os diferentes ossos e como esses se encaixam. O cientista faz anotações de como os músculos e tendões eram ligados aos ossos. Ele também tirará qualquer conclusão em relação ao estilo de vida do dinossauro e a como esse pode estar relacionado a outros dinossauros que já tenham sido descritos.

O crânio de um Gálimimo tem um olho grande, sugerindo que ele tinha boa visão.

LIBERTANDO O FÓSSIL

Quando o fóssil chega ao laboratório, ele geralmente está envolvido numa placa de rocha que precisa ser removida. Algumas rochas, como o calcário, podem ser removidas quando embebidas numa solução ácida diluída. Ela consome a rocha, mas deixa os fósseis minerais intactos. Outras rochas precisam ser removidas mecanicamente. Pedaços maiores são raspados com um cinzel, mas são necessárias ferramentas mais delicadas quando o cientista se aproxima mais do fóssil. Uma agulha vibratória retira um grão de rocha por vez e pode ser controlada tão precisamente que os paleontologistas usam um microscópio para guiar suas mãos.

Os braços dos Deinocheirus terminam em dedos compridos com enormes garras encurvadas. Elas teriam sido ideais para agarrar e rasgar a presa.

ENTENDENDO MELHOR OS DINOSSAUROS

Uma vez que o esqueleto do dinossauro tenha sido montado e descrito, é possível descobrir mais sobre o animal e seu estilo de vida. Ao observar os dentes, podemos compreender o que o dinossauro comia. Dentes afiados e pontudos significam que o animal comia carne, ao passo que dentes largos e achatados, geralmente, indicam que o dinossauro se alimentava de plantas. Um animal com pernas finas e compridas geralmente consegue correr depressa, mas um com pernas grossas e curtas raramente consegue se mover mais rápido do que uma caminhada.

Um fóssil de uma planta com floração. Algumas plantas só se encontram em rochas de uma certa idade, então os cientistas, ao encontrar tais plantas, sabem a idade das rochas mesmo que não haja outra maneira de datá-las.

O brilho lustroso no crânio e pescoço deste Iguanodonte se deve ao conservante usado no fóssil para impedi-lo de se desfazer com exposição ao ar.

DESCOBRINDO A IDADE DO FÓSSIL

Os cientistas ainda não descobriram um método de datar o fóssil em si, então em vez disso eles datam as rochas nas quais esse foi encontrado. Rochas vulcânicas são relativamente fáceis de datar. Quando a rocha derretida verte de um vulcão, ela contém uma quantidade específica de uma substância química radioativa chamada Potássio 40. Com o tempo, ele se decompõe e desaparece a uma determinada taxa. Ao medir quanto resta de Potássio 40 na rocha, os cientistas conseguem descobrir a sua idade. Esta datação funciona somente com rochas vulcânicas, mas os fósseis são geralmente encontrados em rochas sedimentares como arenitos ou xistos. Os cientistas procuram uma camada de rocha vulcânica perto de onde os fósseis são encontrados. Isso fornece uma data aproximada.

OS ELOS PERDIDOS

Não importa o quão completo possa ser um fóssil, ou o quão cuidadosamente esse seja descrito pelos cientistas, o fato é que os dinossauros estão mortos e que haverá algumas coisas que não se pode saber ao certo. Por exemplo, é impossível saber qual era a cor dos dinossauros. Baseado nos animais dos dias de hoje, argumenta-se que os dinossauros tinham peles coloridas, que eram usadas para ajudar a reconhecer um ao outro ou a sinalizar. Até agora, ninguém consegue comprovar essa teoria. Às vezes, só se encontra parte de um esqueleto, por isso é difícil saber qual o aspecto do restante do animal. O fóssil do Hylaeossauro foi achado com a metade traseira faltando. Então, o fóssil do Polacanto foi encontrado com metade frontal faltando. Alguns cientistas acham que estas são as duas metades do mesmo animal. A menos que um esqueleto completo seja encontrado, nós nunca saberemos a resposta.

Duas espécies diferentes de fósseis de Iguanodontes foram encontradas. O Iguanodonte mantelli (à direita) tem apenas 6 metros de comprimento comparado ao Iguanodonte bernissartensis, que tem 9 metros de comprimento. Argumentou-se que os dois tamanhos representam o macho e a fêmea da mesma espécie. Não há como provar isso.

RECONSTRUINDO O DINOSSAURO

Até recentemente, os esqueletos de dinossauros em exibição nos museus eram feitos de fósseis de verdade. Os ossos de fóssil eram extremamente pesados, o que significava que tinham que ser sustentados por hastes e postes de metal que arruinavam o cenário. Nos anos recentes, os cientistas começaram a usar réplicas de plástico dos ossos de fóssil. Essas réplicas são muito mais leves, então os esqueletos podem ser erguidos em poses empolgantes mostrando os dinossauros atacando um ao outro ou correndo velozmente. Estas novas reconstruções dão uma ideia muito melhor das criaturas dinâmicas e fascinantes, que os dinossauros realmente eram do que os antiquados esqueletos estáticos de dinossauros. Com isso, os visitantes dos museus podem descobrir muito mais sobre os dinossauros e como esses viviam do que antes. A grande maioria de fósseis de dinossauro, porém, permanece nos depósitos do museu. A maior parte dos fósseis é de pedaços do esqueleto ou até somente alguns dentes e são vitais para uma compreensão científica apropriada dos dinossauros. Esses são cuidadosamente catalogados e armazenados por ordem numérica. Sempre que um cientista quer estudar um fóssil em particular, ele sabe onde encontrá-lo.

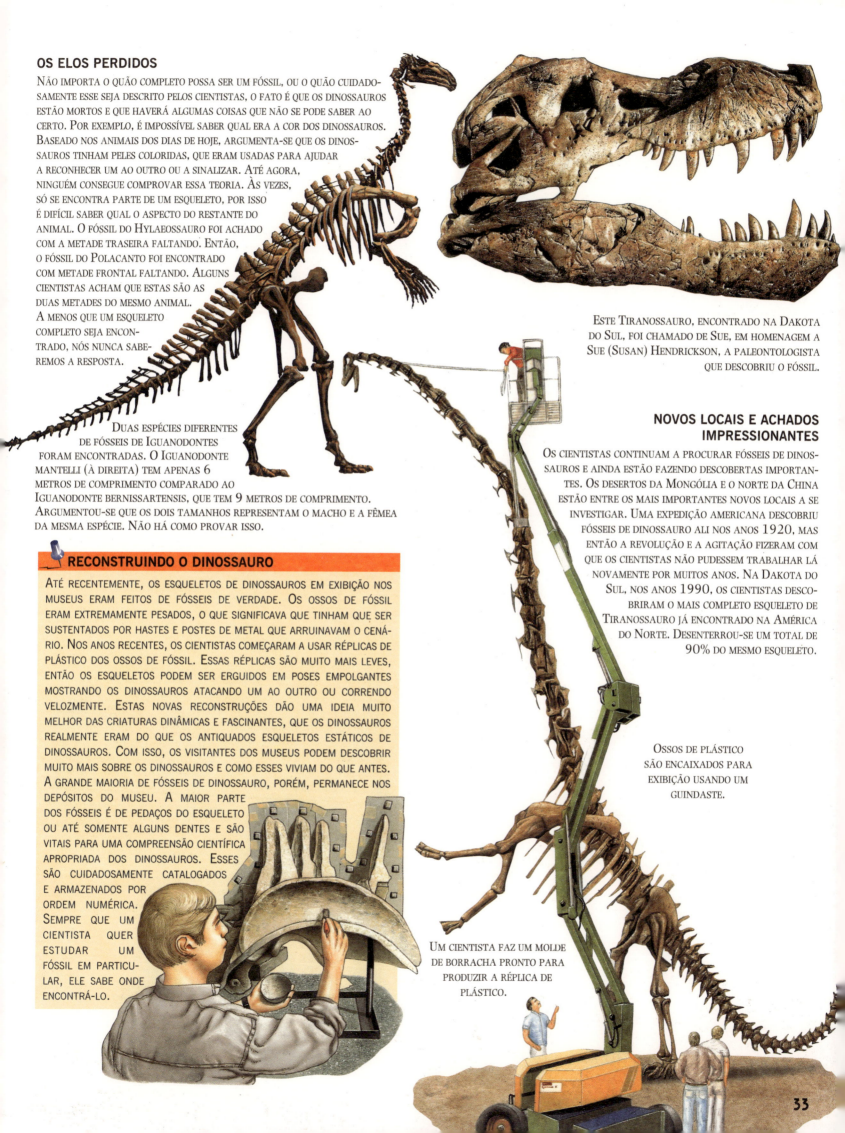

Este Tiranossauro, encontrado na Dakota do Sul, foi chamado de Sue, em homenagem a Sue (Susan) Hendrickson, a paleontologista que descobriu o fóssil.

NOVOS LOCAIS E ACHADOS IMPRESSIONANTES

Os cientistas continuam a procurar fósseis de dinossauros e ainda estão fazendo descobertas importantes. Os desertos da Mongólia e o norte da China estão entre os mais importantes novos locais a se investigar. Uma expedição americana descobriu fósseis de dinossauro ali nos anos 1920, mas então a revolução e a agitação fizeram com que os cientistas não pudessem trabalhar lá novamente por muitos anos. Na Dakota do Sul, nos anos 1990, os cientistas descobriram o mais completo esqueleto de Tiranossauro já encontrado na América do Norte. Desenterrou-se um total de 90% do mesmo esqueleto.

Ossos de plástico são encaixados para exibição usando um guindaste.

Um cientista faz um molde de borracha pronto para produzir a réplica de plástico.

E SE...?

Os dinossauros foram criaturas fascinantes e dramáticas. Se, de repente, eles aparecessem na Terra hoje em dia, causariam uma comoção – e problemas enormes. Os maiores esmagariam tudo pelo caminho ao se deslocar sem jeito de lá para cá; os menores causariam caos ao entrarem em casas e lojas. Ainda bem que eles não estão mais conosco.

O Celófise era um dinossauro ágil e veloz. Ele tinha ossos leves e ocos que o auxiliavam a correr velozmente.

O "JURASSIC PARK" É POSSÍVEL?

No filme "Jurassic Park", um cientista recria os dinossauros usando engenharia genética. Ele extrai sangue de dinossauro do estômago de um mosquito preservado em âmbar e, então, usa este DNA para criar dinossauros completamente novos. Isso na verdade é impossível por duas razões. Primeiro, o DNA até agora extraído de insetos capturados em âmbar se deteriorou ao longo dos milhões de anos desde que estavam vivos e restam somente minúsculos fragmentos. Os cientistas são incapazes de encaixar as peças para formar um código de DNA inteiro para uma criatura completa já que falta muita informação. Em segundo lugar, não é possível criar um animal apenas do DNA. Mesmo que estivessem disponíveis códigos completos de DNA de dinossauro, o DNA precisaria ser inserido em ovos de uma criatura parecida para que ele pudesse se desenvolver em um dinossauro. Não há animais vivos hoje em dia que sejam semelhantes o suficiente com os dinossauros para permitir isso acontecer.

O MAIS VELOZ

Já que não há dinossauros vivos hoje em dia, é impossível saber o quanto eram velozes ao correr. Entretanto, os cientistas conseguem estimar as velocidades máximas ao estudar os esqueletos dos dinossauros e compará-los com animais similares de hoje. Acredita-se que os dinossauros mais velozes foram os ornitomimossauros, que tinham duas pernas muito compridas com músculos poderosos. Estas criaturas podem ter sido capazes de alcançar velocidades de cerca de 50 km por hora em curtas distâncias.

OS MAIORES, OS MAIS ALTOS E MAIS PESADOS

Os maiores dinossauros de todos eram os saurópodes. O mais comprido era o Seismossauro, que chegava a 50 metros de comprimento. Muito desse comprimento era formado pela cauda fina e extremamente comprida. O mais baixo, mas de compleição mais robusta, Argentinossauro foi o dinossauro mais pesado que já existiu, pesando até cerca de 100 toneladas. Ambos eram relativamente baixos se comparados ao Braquiossauro, que mantinha seu longo pescoço erguido a até 12 metros acima do solo para alcançar o alto das copas das árvores.

Um Braquiossauro (à esquerda) pode ter tido uma vantagem sobre os outros herbívoros ao ser capaz de se alimentar de comida fora do alcance dos rivais.

Um inseto em âmbar. O âmbar, seiva arbórea fossilizada, preserva o animal perfeitamente e pode-se extrair algum DNA, mas a sequência completa necessária para recriar um animal não está disponível.

Um Giganotossauro, o maior dos dinossauros caçadores, tinha cerca de 14 metros de comprimento e pesava por volta de 8 toneladas.

OS MENORES

Embora muitas pessoas pensem nos dinossauros como criaturas imensas, muitos deles eram pequenos e delicados. O herbívoro Lesotossauro do sul da África tinha pouco mais de 1 metro de comprimento e pesava por volta de 10 kg. Contudo, a maioria dos dinossauros pequenos era carnívora que caçava mamíferos, lagartos e insetos. O menor deles não teria alcançado a altura do seu joelho.

À direita: O Compsógnato era o menor dinossauro adulto. Este minúsculo caçador tinha apenas cerca de 1 metro de comprimento e teria pesado aproximadamente tanto quanto uma galinha de hoje.

REGISTROS DOS DINOSSAUROS

OS DINOSSAUROS ESTAVAM ENTRE AS CRIATURAS MAIS INCRÍVEIS QUE JÁ VIVERAM. ESSES ERAM TOTALMENTE DIFERENTES DE QUALQUER ANIMAL DA TERRA DE HOJE EM DIA. COM SEUS FORMATOS CORPORAIS, CHIFRES E CRISTAS INCOMUNS, ELES NOS PARECEM BIZARROS. O GRUPO DOS DINOSSAUROS INCLUÍA ALGUNS DOS MAIORES, MAIS PESADOS E MAIS VELOZES ANIMAIS QUE JÁ VIVERAM.

A CABEÇA DE UM PLESIOSSAURO. ESTES GIGANTES RÉPTEIS MARINHOS NÃO ERAM DINOSSAUROS, MAS PERTENCIAM A UM GRUPO DIFERENTE DE RÉPTEIS EXTINTOS.

MITOS DE DINOSSAUROS

MUITOS MITOS SE DESENVOLVERAM SOBRE OS DINOSSAUROS COM O PASSAR DOS ANOS. UM ERRO COMUM É ACHAR QUE TODOS OS RÉPTEIS QUE VIVERAM NA ERA MESOZOICA ERAM DINOSSAUROS. ISSO NÃO É VERDADE. SOMENTE OS RÉPTEIS, QUE VIVERAM EM TERRA ERAM DINOSSAUROS. EMBORA OS DINOSSAUROS POSSAM TER ENTRADO NA ÁGUA PARA SE ALIMENTAR OU BEBER, ELES NÃO ERAM BONS NADADORES. DE MODO SIMILAR, OS PTEROSSAUROS VOADORES NÃO ERAM DINOSSAUROS, JÁ QUE OS DINOSSAUROS NÃO PODIAM VOAR. OUTRO MITO SUSTENTA QUE OS DINOSSAUROS SE TORNARAM EXTINTOS, PORQUE ERAM TOLOS. ELES PODEM TER TIDO CÉREBROS QUE ERAM MENORES DO QUE OS DOS MAMÍFEROS DE HOJE, MAS OS CÉREBROS DOS DINOSSAUROS ERAM MAIORES E MAIS COMPLEXOS DO QUE OS DE OUTROS RÉPTEIS.

O MAIS ANTIGO QUE SE CONHECE

POR MUITO TEMPO, O BÍPEDE HERRERASSAURO (ACIMA) FOI CONSIDERADO O MAIS ANTIGO DINOSSAURO. ELE VIVIA NA METADE DO PERÍODO TRIÁSSICO, CERCA DE 227 MAA. CONTUDO, RECENTEMENTE DESCOBRIRAM-SE RESTOS MORTAIS DE PROSSAURÓPODES EM MADAGASCAR QUE REMONTAM A 230 MAA. EM 2001, ENCONTRARAM-SE FÓSSEIS ATÉ MAIS ANTIGOS NO SUL DO BRASIL DE UM DINOSSAURO CARNÍVORO DE 2 METROS DE COMPRIMENTO QUE VIVEU POR VOLTA DE 240 MAA.

O MAIS ESPERTO E O MAIS BURRO

OS CIENTISTAS DESCOBRIRAM QUE A INTELIGÊNCIA DE UM ANIMAL ESTÁ RELACIONADA À PROPORÇÃO ENTRE O TAMANHO DE SEU CÉREBRO E O TAMANHO DO CORPO. ESTA PROPORÇÃO É CHAMADA DE QUOCIENTE DE ENCEFALIZAÇÃO. USANDO ESTA CONTA, O DINOSSAURO MAIS INTELIGENTE ERA O TROODONTE, UM CAÇADOR DE 3 METROS DE COMPRIMENTO QUE VIVEU NO FINAL DO CRETÁCEO. ELE ERA MAIS OU MENOS TÃO INTELIGENTE QUANTO UM CORVO OU GRALHA DE HOJE EM DIA. O MENOS INTELIGENTE ERA O ESTEGOSSAURO, QUE TINHA UM CÉREBRO DO TAMANHO DE UMA NOZ EM UM CORPO PESANDO CERCA DE 2 TONELADAS.

ALGUNS CIENTISTAS ACREDITAM QUE SE OS DINOSSAUROS NÃO TIVESSEM SE EXTINGUIDO, O TROODONTE PODERIA TER EVOLUÍDO PARA SE TORNAR TÃO INTELIGENTE QUANTO OS SERES HUMANOS DE HOJE. ELES DENOMINARAM ESTA CRIATURA IMAGINÁRIA DE "DINOSSAURÍDEOS".

O IGUANODONTE ERA UM DOS DINOSSAUROS MAIS BEM-SUCEDIDOS DE SUA ÉPOCA. NÃO É VERDADE QUE OS DINOSSAUROS FORAM UM FRACASSO — ELES DOMINARAM O MUNDO POR 150 MILHÕES DE ANOS. ATÉ AGORA, O HOMEM MODERNO (HOMO SAPIENS) APENAS EXISTIU POR CERCA DE 120 MIL ANOS. ASSIM COMO TODAS AS AVES, ESTA ANDORINHA É UMA DESCENDENTE DOS DINOSSAUROS. JÁ QUE AS AVES EVOLUÍRAM A PARTIR DOS DINOSSAUROS, ALGUNS ARGUMENTAM QUE OS DINOSSAUROS NÃO ESTÃO REALMENTE EXTINTOS.

O MAIS PERIGOSO

OS DINOSSAUROS MAIS PERIGOSOS ERAM AQUELES QUE PERTENCIAM A UM GRUPO CONHECIDO COMO DROMEOSSAURÍDEOS. ESSES ERAM CORREDORES VELOZES, QUE VIVIAM NO PERÍODO CRETÁCEO ENTRE 120 A 65 MAA. ELES TINHAM GARRAS GRANDES E ENCURVADAS NAS PERNAS TRASEIRAS QUE PODIAM SER ERGUIDAS ACIMA DO SOLO AO CAMINHAR PARA MANTÊ-LAS AFIADAS FEITO NAVALHA, MAS PODIAM SER GIRADAS PARA FRENTE AO ATACAR UMA VÍTIMA. AS PERNAS DIANTEIRAS TAMBÉM POSSUÍAM GARRAS ENCURVADAS, QUE ERAM USADAS PARA SEGURAR A PRESA ENQUANTO A PERNA TRASEIRA ERA IMPELIDA PARA FRENTE — UMA COMBINAÇÃO MORTAL.

O DEINONICO É O MAIS CONHECIDO DOS DROMEOSSAURÍDEOS. ELE ERA EQUIPADO COM UMA "GARRA TERRÍVEL."

ÍNDICE

ÁFRICA 21, 36
ÁFRICA ORIENTAL 25
ALBERT, PRÍNCIPE 25
ALBERTA 25
ALBERTOSSAURO 25
ALVAREZ, WALTER 12
AMÉRICA DO NORTE . . 13, 20, 21, 24, 33
AMÉRICA DO SUL 21
ANDORINHA 37
ANDREWSARCHUS 18
ANTÁRTICA 21
ANTEDILUVIANOS 24
ANTILOCAPRA 21
ANTILOCAPRIDAE 21
ARGENTINOSSAURO 36
ARIZONA 13
ARMADILHAS DE DECCAN 16
ÁSIA 21
AUSTRÁLIA 21
BÉLGICA 25
BERNISSART 25
BERYCOPSIS 13
BRAQUIOSSAURO 22, 36
BRASIL 37
BUCKLAND, WILLIAM 24, 25
CÁGADOS 20
CALIFÓRNIA 12
CARNÍVOROS 13, 21
CELÓFISE 36
CETÁCEOS 21
CHINA 21, 33
COLORADO 25
COMPSÓGNATO 36
COPE, EDWARD DRINKER 25
CORIFODONTE 18
CRATERA DE CHICXULUB 12
CREODONTA 21
CROCODILOS 13
CUVIER, BARÃO GEORGES 24
DAKOTA DO SUL 33
DEINOCHEIRUS 32
DEINONICO 37

DINOSAURIA 24
DINOSSAURÍDEOS 37
EDENTATA 21
EDMONTOSSAURO 13
EOBASILEUS 18
ESTEGOSSAURO 37
ESTURJÃO 20
EUROPA 16, 20, 21, 24
EUROTAMANDUA 18, 21
GALIMIMO 32
GIGANOTOSSAURO 36
GRÃ-BRETANHA 24
HERRERASSAURO 37
HIAENODONTE 18
HOMINÍDEOS 8
HYRACOTHERIUM 18
IGUANODONTE 22, 24, 25, 32, 33, 37
ILINGOCEROS 21
ÍNDIA 16, 21
INDRICOTHERIUM 21
INGLATERRA 24
INSECTIVORA 21
LAGOMORFOS 21
LEPTICIDIUM 20
LESOTOSSAURO 36
LOFIODONTE 18
LONDRES 25
MAASTRICHT 24
MADAGASCAR 20, 37
MANTELL, GIDEON 24, 25
MARIPOSAS 16
MARSH, OTHNIEL CHARLES 25
MARSUPIAIS 20
MEGALOSSAURO 24, 29
MÉXICO 12
MOLUSCOS AMONITES 13
MONGÓLIA 25, 33
MONOTREMADOS 21
MONOTRÊMATOS 20
MONTANA 12
MOSASSAURO 24
ORNITOMIMOSSAUROS 36

OWEN, RICHARD 24, 25
PALAEORYCTES 18
PANTODONTES 21
PEIXES SEM MANDÍBULAS 8
PENÍNSULA DE IUCATÃ 12
PERISSODÁCTILOS 21
PINÍPEDES 21
PLESIOSSAURO 37
POLACANTO 33
PRIMATAS 21
PROBOSCÍDEOS 21
PROPALEOTHERIUM 18
PROSSAURÓPODE 37
PROTOCERÁTOPOS 32
PROTOTERIANOS 21
PTEROSSAUROS 37
PURGATORIUS 20
QUIRÓPTERA 21
RÉPTEIS VOADORES 8, 13
RINOCERONTES 21
ROEDORES 21
SAPO GREGO 20
SAURÓPODE 29, 36
SEISMOSSAURO 36
SIRÊNIOS 21
TERIANOS 21
TIRANOSSAURO 33
TRILOBITAS 8
TROODONTE 37
UINTATHERES 21
UNGULADOS DA AMÉRICA DO SUL 21
VELOCIRÁPTOR 28
WYOMING 25

ANOTAÇÕES